Kirigami

Der japanische Begriff „Kirigami“ heißt wörtlich übersetzt „Papier schneiden“. So einfach die Beschreibung dieser Technik auch klingt, so beeindruckend sind doch die Ergebnisse: Nur durch Falten und Schneiden von Papier lassen sich filigrane Kunstwerke schaffen.

Die Motive und Ornamente, die in der Kirigami-Technik gefertigt werden, zeichnen sich durch ihren schier unerschöpflichen Formenreichtum aus und sind vielseitig einsetzbar. Und da weder viel Material noch viele Hilfsmittel benötigt werden, können Sie eigentlich gleich loslegen. Viel Spaß dabei!

Herzlich Ihr

Die Motive lassen sich in folgende Schwierigkeitsgrade unterteilen:

● ○ ○ einfach ● ● ○ etwas schwieriger ● ● ● anspruchsvoll

IHRE GRUNDAUSSTATTUNG

Folgende Materialien und Hilfsmittel sollten Sie zur Hand haben. Sie werden für alle Motive benötigt.

- Cutter mit geeigneter Schneideunterlage
- scharfe spitze Schere
- Bleistift und Radiergummi
- ggf. Transparentpapier und dünner Karton

Schablonen anfertigen

Die gewünschte Vorlage fotokopieren oder auf Transparentpapier abpausen, auf einen dünnen Karton kleben und mit Cutter und Schere exakt ausschneiden.

Hinweis: Die Vorlagen sind in zwei unterschiedlichen Größen abgebildet, meist für Origami-Faltblätter mit den Maßen 15 cm x 15 cm und 20 cm x 20 cm.

Papier falten und Motive ausschneiden

1 Um ein Blatt Papier in Winkeln von 60° zu falten, benötigen Sie die Falthilfe auf Vorlagenbogen 1A. Auf diese Zeichnung wird das quadratische, diagonal gefaltete Blatt gelegt, sodass die Spitze des Dreiecks genau auf der senkrechten gestrichelten Mittellinie liegt.

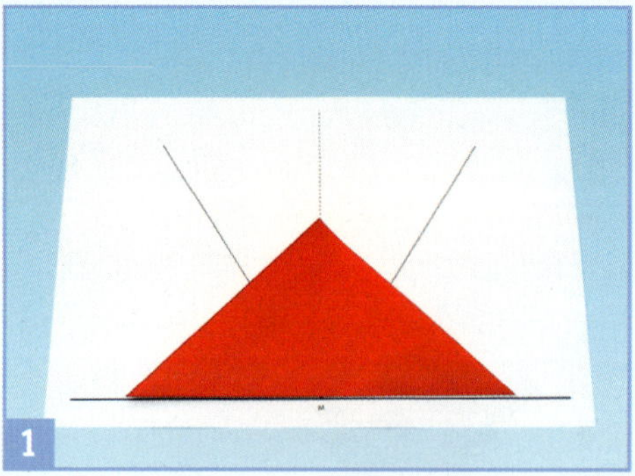

1

2 Die rechte Ecke des Dreiecks nach links falten, sodass die entstandene Faltkante genau an der rechten schräg verlaufenden Linie der Falthilfe anliegt.

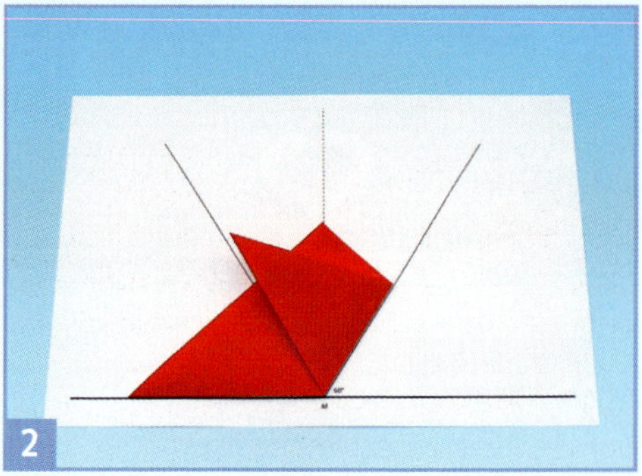

2

3 Das Papier wenden und wieder so auf die Falthilfe legen, dass die Spitze auf der Mittellinie liegt. Die rechte Ecke wie oben beschrieben nach links falten.

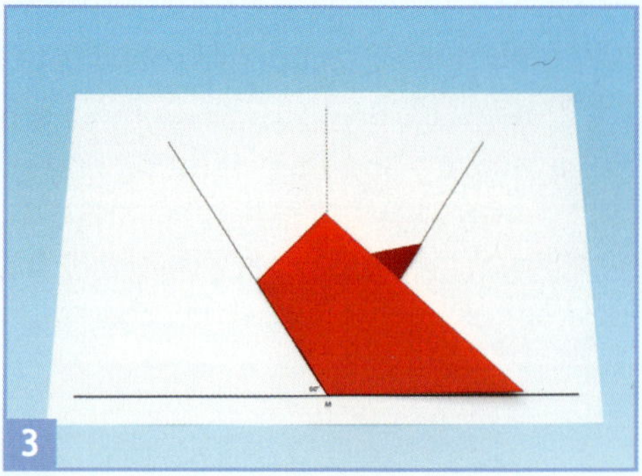

3

4 Die Schablone auf die gefaltete Form legen und die Konturen mit Bleistift nachziehen. Für das Übertragen der Innenlinien das Papier an den entsprechenden Stellen umklappen.

4

5 Immer zuerst die kleinsten Innenflächen, dann die Schnittlinien innerhalb des Motivs mit dem Cutter ausschneiden. Dabei das Papier dicht neben der Klingenspitze fest auf die Schneideunterlage drücken. Wenn zu viel Druck auf die Klinge des Cutters ausgeübt wird, können sich die Schnittränder leicht wellen. Es ist daher besser, die Schnittlinien mehrfach nachzuziehen. Den Umriss mit der Schere oder mit dem Cutter ausschneiden.

5

6 Nun das Motiv auffalten. Durch die eng aneinanderliegenden Schnittlinien können sich die Papierlagen ineinander verhaken. In diesem Fall vorsichtig die Cutterklinge dazwischenschieben, dann behutsam das Motiv öffnen und glatt streichen. Gewellte Schnittränder vorsichtig mit dem Fingernagel glätten. Falls der Cutter die untersten Lagen des Papiers nur angeritzt, nicht aber durchgeschnitten hat, diese Schnittlinien mit dem Cutter nacharbeiten. Die Bereiche, die umgeklappt werden sollen, mit der Cutterspitze anheben und falten.

6

7 Das Foto zeigt das fertige Motiv: links die Ansicht von vorn, rechts von hinten.

7

Tipp: Sie können auch selbst eine Falthilfe anfertigen. Sie benötigen dazu einen Zirkel und die Anleitung auf Vorlagenbogen 1A.

Violette Ornamente

→ Formenspiel

MATERIAL

- Origami-Faltblätter in verschiedenen Violetttönen mit weißer Rückseite, 15 cm x 15 cm

VORLAGENBOGEN 1B

Abbildung auf Seite 1

Die Rosetten wie in der allgemeinen Anleitung auf Seite 2/3 beschrieben fertigen.

Tipp: Die drei Ornamente können auf Karton in einem helleren oder dunkleren Violettton oder in Schwarz geklebt und mit einem weißen Rahmen versehen werden.

Hasenparade

→ im Gras und zwischen Tulpen

MATERIAL

- Origami-Faltblatt in Gelb-Braun und Braun-Grün, 15 cm x 15 cm
- Moosgummirest, 2 mm stark
- Vorstechnadel

VORLAGENBOGEN 2A

1 Die Hasenparade wie in der Grundanleitung auf Seite 2/3 beschrieben fertigen.

2 Die Augen mit der Vorstechnadel einstechen. Dazu das Motiv auf den Moosgummirest legen. Die Nadel, die nach oben dicker wird, kann so tiefer eindringen und einen größeren Durchmesser erzielen.

Tipp: Für eine einfachere Version des braun-grünen Motivs einfach die Tulpen, die Hinterbeine und die Ohrinnenflächen der Hasen weglassen.

Blumenkranz

→ in seiner ganzen Blütenpracht

MATERIAL

- Origami-Faltblatt in Grün, 20 cm x 20 cm oder 30 cm x 30 cm

VORLAGENBOGEN 2A

1 Den Blumenkranz wie in der allgemeinen Anleitung auf Seite 2/3 beschrieben fertigen.

2 Nach dem Auseinanderfalten des Motivs zeigt sich meist, dass vor allem viele Blattadern noch nachgeschnitten werden müssen. Am besten wirkt das Motiv, wenn die Blattadern mit dem Cutter nachträglich noch etwas verbreitert werden.

Tipp: Der Blütenkranz wird zum Blickfang auf jedem Tisch, wenn man ein Windlicht in die Mitte stellt.

Vogelreigen

→ in sommerlichen Farben

MATERIAL

- Origami-Faltblatt in Rot-Weiß und Gelb-Weiß, 15 cm x 15 cm
- Moosgummirest, 2 mm stark
- Vorstechnadel

VORLAGENBOGEN 2A

1 Die Vogelreigen wie in der Anleitung auf Seite 2/3 beschrieben fertigen und die zweiteiligen Flügel sowie die kleinen gelben Zacken aufklappen.

2 Die Augen mit der Vorstechnadel einstechen. Das Motiv dazu auf den Moosgummirest legen. Die Nadel, die nach oben dicker wird, kann so tiefer eindringen und einen größeren Durchmesser erzielen.

Blumenornamente

→ ganz einfach

MATERIAL

- Origami-Faltblatt in Rot-Weiß und Orange-Weiß, 15 cm x 15 cm

VORLAGENBOGEN 2B

Die Ornamente wie in der allgemeinen Anleitung auf Seite 2/3 beschrieben fertigen.

Tipp: Ganz anders wirken diese einfachen Ornamente, wenn man sie nach dem Entfalten und Glätten umdreht, sodass die weiße Seite nach oben zeigt. Durch Falten und Umklappen werden rote bzw. orangefarbene Akzente gesetzt.

Rosetten in Pink

→ moderne Farben

MATERIAL PRO ROSETTE

- Origami-Faltblatt in Pink-Weiß, 15 cm x 15 cm
- Maulbeerbaumpapier in Violett, 21,5 cm x 21,5 cm
- Karton mit Leinenstruktur in Weiß, 22 cm x 22 cm,
- Alleskleber, z. B. UHU

VORLAGENBOGEN 2A

1 Das Motiv wie in der Grundanleitung auf Seite 2/3 beschrieben fertigen.

2 Die Rosette auf das violette Papier kleben. Aus dem weißen Karton mittig ein 18 cm x 18 cm großes Quadrat herausschneiden und den so entstandenen Rahmen um das Motiv herum fixieren.

Schmetterlings-reigen

→ filigranes Meisterwerk

MATERIAL

- Origami-Faltblatt in Dunkelviolett, 20 cm x 20 cm

VORLAGENBOGEN 1B

Den Schmetterlingsreigen wie in der allgemeinen Anleitung auf Seite 2/3 beschrieben fertigen.

Tipp: Dieses filigrane Motiv kommt am besten zur Geltung, wenn man es auf einen farblich passenden Karton, 30 cm x 30 cm, klebt. Schneiden Sie doch passend dazu ein Passepartout aus und hängen Sie das Motiv in einem quadratischen Bilderrahmen auf.

Kleine Rosetten

→ farbenfroh

MATERIAL

- Origami-Faltblätter in verschiedenen Farben mit weißer Rückseite, 15 cm x 15 cm
- Geodreieck®

VORLAGENBOGEN 2B

Die Origami-Faltblätter mit Geodreieck und Cutter vierteln und wie in der allgemeinen Anleitung auf Seite 2/3 beschrieben weiterverarbeiten.

Tipp: Diese kleinen Rosetten eignen sich auch als Dekoration für Geschenkanhänger, Tischkarten oder Buchzeichen.

Blumenmotiv

→ zart blühend

MATERIAL

- Origami-Faltblatt in Rosa-Weiß, 20 cm x 20 cm oder 30 cm x 30 cm

VORLAGENBOGEN 1B

Das Motiv wie in der Grundanleitung auf Seite 2/3 beschrieben fertigen.

Tipp: Dieses filigrane Motiv sieht besonders schön aus, wenn man es auf einen farblich passenden Karton, 30 cm x 30 cm bzw. 40 cm x 40 cm, klebt. Schneiden Sie doch zusätzlich ein entsprechend großes Passepartout aus und hängen Sie das Blumenmotiv in einem quadratischen Rahmen auf.

Bunte Rosetten

→ einfach und effektvoll

MATERIAL

- Origami-Faltblatt in Rot-Gelb, Blau-Gelb und Gelb-Grün, 15 cm x 15 cm

VORLAGENBOGEN 2B

Die Rosetten wie in der Anleitung auf Seite 2/3 beschrieben fertigen.

Tipp: Diese einfachen, aber effektvollen Motive machen sich gut als Tischdekoration. Einfach ein Windlicht in die Mitte stellen – fertig.

Kleiner Schmetterlingsreigen

→ zarter Flügelschlag

MATERIAL

- Origami-Faltblatt in Rotviolett
- Karton mit Leinenstruktur in Weiß, 20 cm x 20 cm, und Rotviolett, 20,5 cm x 20,5 cm
- Alleskleber, z. B. UHU

VORLAGENBOGEN 1B

1 Den Schmetterlingsreigen wie in der Grundanleitung auf Seite 2/3 beschrieben fertigen.

2 Das Motiv auf den weißen Karton kleben. Aus dem rotvioletten Karton mittig ein 16,5 cm x 16,5 cm großes Quadrat herausschneiden. Den Rest als Rahmen um das Motiv herum fixieren.

Tipp: Damit der Rahmen nicht direkt auf dem weißen Karton aufliegt und das Ganze etwas plastischer wirkt, kann die Rahmenrückseite rundum mit einem 1 cm breiten Pappstreifen beklebt werden.

Kirigami-Karten

→ für jede Gelegenheit

MATERIAL

- Origami-Faltblätter in Grün-Gelb, 15 cm x 15 cm
- Fotokarton in Weiß, 20 cm x 15 cm (Einladungskarte), 16 cm x 15 cm (Tischkarte) und 16 cm x 8 cm (Anhänger)
- Satinkordel in Hellgrün, ø 2 mm, 40 cm lang (Anhänger)
- Alleskleber, z. B. UHU
- Lochzange (Anhänger)

VORLAGENBOGEN 1B

1 Die Rosetten wie in der Grundanleitung auf Seite 2/3 beschrieben fertigen.

2 Die Karten aus weißem Fotokarton jeweils mittig zu Doppelkarten mit folgenden Maßen falten: 10 cm x 15 cm (Einladungskarte), 8 cm x 15 cm (Tischkarte) und 8 cm x 8 cm (Anhänger).

3 Die Schriftzüge mit dem Computer ausdrucken, zurechtschneiden, auf einen grünen Papierstreifen kleben und zusammen mit den Rosetten und schmalen Papierstreifen auf der Karte fixieren. Den Anhänger mit der Lochzange lochen, die Kordel durchziehen und verknoten.

Alisa
Einladung

Herzornamente

→ mit Liebe gemacht

MATERIAL

- Origami-Faltblätter in Rot, 15 cm x 15 cm

VORLAGENBOGEN 2B

1 Die Herzornamente wie in der Grundanleitung auf Seite 2/3 beschrieben fertigen.

2 Die Zacken und die halben Herzinnenflächen nach oben falten und dann so zurückklappen, dass sie schräg und nicht senkrecht abstehen.

Tipp: Sehr schön machen sich diese roten Ornamente auf Windlichtern aus festem weißem Transparentpapier. Das Papier einfach an den Querkanten zu einem Zylinder zusammenkleben und die Ornamente darauf befestigen.

Pinguinparade

→ im Doppelpack

MATERIAL

- Origami-Faltblatt in Weiß und Schwarz-Weiß, 15 cm x 15 cm
- Moosgummirest, 2 mm stark
- Vorstechnadel

VORLAGENBOGEN 2A

1 Die Pinguine wie in der Grundanleitung auf Seite 2/3 beschrieben fertigen. Die Flügel nicht falten, sondern nur leicht anheben, sodass sie etwas abstehen.

2 Die Augen mit der Vorstechnadel einstechen. Dazu das Motiv auf den Moosgummirest legen. Die Nadel, die nach oben dicker wird, kann so tiefer eindringen und einen größeren Durchmesser erzielen.

Häuserkreise

→ gerahmte Kunstwerke

MATERIAL

- Origami-Faltblatt in Grün-Weiß und Hellgrün-Dunkelgrün, 15 cm x 15 cm
- Karton mit Leinenstruktur in Schwarz, 2 x 20 cm x 20 cm, in Dunkelgrün und Hellgrün, 20,5 cm x 20,5 cm
- Alleskleber, z. B. UHU

VORLAGENBOGEN 2A

1 Die Häuserkreise wie in der Grundanleitung auf Seite 2/3 beschrieben fertigen.

2 Die Motive auf den schwarzen Karton kleben. Aus den beiden grünen Kartons mittig ein 16,5 cm x 16,5 cm großes Quadrat herausschneiden und den Rest als Rahmen um die Motive herum fixieren.

Tipp: Das grün-weiße Motiv ist eines der schwierigsten in diesem Buch wegen der vielen winzigen Tür- und Fensteröffnungen. Etwas einfacher wird es, wenn größeres Papier, z. B. 20 cm x 20 cm, verwendet wird, das allerdings in dieser Farbkombination nicht erhältlich ist.

Blaue Sterne

→ am Winterhimmel

MATERIAL

- Origami-Faltblätter in Blautönen mit weißer Rückseite, 15 cm x 15 cm

VORLAGENBOGEN 1B

Die Sterne wie in der allgemeinen Anleitung auf Seite 2/3 beschrieben fertigen.

Hinweis: Der dunkelblaue Stern ist deutlich kleiner als die beiden anderen Sterne, obwohl die Schablone gleich groß ist. Das kommt daher, dass bei ihm die Innenschnitte zur Sternmitte und nicht wie bei den anderen Sternen nach außen gefaltet werden.

DIESES BUCH ENTHÄLT 2 VORLAGENBOGEN

IMPRESSUM

Der Autor dankt nicepapers, Berlin, und Ludwig Bähr, Kassel, für die freundliche Bereitstellung von Material.

FOTOS: frechverlag GmbH, 70499 Stuttgart; lichtpunkt, Michael Ruder, Stuttgart

DRUCK: frechdruck GmbH, 70499 Stuttgart

Auflage:	5.	4.	3.	2.	1.	
Jahr:	2012	2011	2010	2009	2008	[Letzte Zahlen maßgebend]

ISBN 978-3-7724-3740-3
Best.-Nr. 3740